LES DEUXMARTINES

O U

LE PROCUREUR DUPÉ,

COMÉDIE-PARADE

EN UN ACTE ET EN PROSE.

REPRÉSENTÉE, pour la premiere fois, à Paris, sur le Théâtre de la Foire Saint Germain, le Lundi 13 Février 1786.

PAR M. D. ** . du M. ** .

Le prix est de 1 liv. 4 sols.

A PARIS,

Chez **CAILLEAU**, Imprimeur - Libraire, rue Galande, No. 64.

M. DCC. LXXXVI.

PERSONNAGES.

GRAPINEAU , Procureur frippon.

Madame GRAPINEAU , fa femme , jouant la petite Maîtreſſe.

DANDINET , leur neveu , imbécille , tranchant du petit-Maître. Veſte & culotte canelle , habit bleu , mouchoir de foie autour du col , les cheveux plats , & un chapeau comme le grand Couſin.

TROTTIN , Maître Clerc , jeune homme eſpiegle.

THIBAULT , Fermier , homme rond.

MARTINE , fa fille , novice , & fuivant fon pere pas à pas.

CRIQUET , Valet de Grapineau , garçon fort niais. Veſte & culotte chamois , habit rouge , chapeau bordé , & coëffé avec des papillottes.

La Scène ſe paſſe à Paris , dans l'Etude de Monſieur Grapineau.

LES
DEUX MARTINES,
COMÉDIE-PARADE.

SCENE PREMIERE.

TROTTIN, *assis & écrivant.*

COLLATIONNÉ, figné, fcellé, &c. &c. &c.
Ah ! Dieu merci, la voilà finie la maudite Sentence. Vingt cinq rôles de groffe & dix de minute,
voilà de l'ouvrage pour un jour ! Heureufement j'en
fuis venu à bout, & Monfieur Grapineau n'aura que
des éloges à me faire.....

Le maudit métier, quand j'y fonge, que celui
de Clerc de Procureur ! Sans ceffe écrire, écrire,
écrire ; être logé fous les toîts ; déjeûner tard &
dîner à quatre heures, le tout pour avoir moins
d'appétit à fouper ; le Dimanche ne fçavoir où trouver un repas : encore M^e. Grapineau eft-il un des
moins ridicules. Et fa femme ?..... Oh ! l'on obtient
tout de fa femme, dès qu'on fçait la louer..... (Il

A 2

contrefait fa voix.) *Bon jour, mon cher Maître Clerc ; comment me trouvez-vous aujourd'hui ?* Charmante, Madame ; vous avez un teint qui fait honte à la rofe. *Non ; j'ai les yeux battus, j'ai mal dormi. Monfieur Grapineau m'a tourmentée fur le matin.....* Oh ! *c'eft un cruel homme.* Vous fçavez, Madame, que le Soleil n'eft dans fon éclat que vers le milieu du jour. *Toujours galant, Monfieur Trottin, toujours galant !* Hom ! la vieille Coquette ! (*Il fe leve.*) Aujourd'hui, par exemple, nous avons grand'chere à fouper ; Monfieur Grapineau attend un neveu qui lui arrive de Province. D'ailleurs, il doit recevoir de l'argent de Thibault fon Fermier, qui lui en a promis. Juftement, le voici.

S C E N E   I I. (*a*).

MARTINE, THIBAUT, TROTTIN.

T R O T T I N.

A h ! bonjour Thibaut. Tu prends mal ton temps, car Monfieur Grapineau eft forti.

T H I B A U T *s'en allant.*

Ah ben tant-mieu morguienne, je r'viandrons, farviteur ?

T R O T T I N *l'arrêtant.*

Un inftant, un inftant ? vraiment, il m'a bien re-

(*a*) Le Spectateur doit voir les Acteurs dans l'ordre qu'ils font imprimés au commencement de chaque Scène.

commandé de te faire attendre. (*Apperçevant Mar-*
tine.) Dis moi , quelle eft cette jolie Bergere ?

THIBAUT.

Ç'n'eft rian, ç'eft not'fille. Martine ; faluez Monfieur. (*elle falue.*)

TROTTIN.

Elle eft charmante , adorable !

MARTINE.

V's'êtes ben honnête , Monfieur , mais je n'en
croyons rien voyez vous ; car tous ces Monfieux
d'Paris , font d's'engeoleux d'filles...

TROTTIN.

Comment donc , on vous a appris tout cela.

THIBAUT *riant.*

Oh oui , Monfieu ; allez , all' fçait c'que c'eft.

TROTTIN.

Tu apportes de l'argent à M. Grapineau , n'eft-
ce pas ?

THIBAUT.

Hélas ! mon cher Monfieu Trottin , il ne m'a pas
été poffible de recueillir tant feul'ment un fou.

TROTTIN.

Comment , tu n'as rien ?

THIBAUT.

Rian, rian du tout. J'ons eu tout plein d'malheurs ; j'vous dirons d'abord que not' pauvre femme eft creva ; & pis les veignes font gela ; & pis
les vars & les Commis nous ont rongea. C'eft-y
pas bian malheureux !

TROTTIN.

J'en conviens, mais Monfieur Grapineau ne s'accommodera pas de tout cela.

THIBAUT.

C'étoit pis qu'un fort, voyais vous. Tandis qu'not' minagere avoit une fiev' maleine ; nous , j'avions un gros rheume ed'cerviau. C't'elle'-ci avoit un réfipet qui l'y couvroit toute la philofomie ; bref, not' femme eft crèva l'même jour que not' groffe vaque eft deffunte , all' font parties d'compagnie.

TROTTIN.

Tout cela eft très-fâcheux , d'accord ; mais Monfieur Grapineau n'en tiendra pas compte , il aime l'argent. Et puis un Procureur entend-il raifon ?

THIBAUT.

Je l'prirons tant, qu'il nous accordera un délai , c'eft un homme fi humain !

TROTTIN.

Si humain ! eh mon ami , perfonne n'eft humain quand il s'agit de fes intérêts.

THIBAUT.

Je ne l'y demanderons tant feulement que quinze jours , c'eft bian peu.

TROTTIN.

Bon , tu crois qu'il confentira à perdre les intérêts de quinze jours ; oh ! c'eft qu'il calcule au moins.

THIBAUT.

S'il ne veut pas m'acoutai , j'ons amené tout
exprès c'te ptite fille pour el' conjurai ; c'est jeune,
c'est intéressant , pt'et' qu'all' obtiendra dl'y puf-
que je ne pourions fare.

TROTTIN.

Ah ! voila une bonne raifon , celle-la : mais je
te préviens d'une chofe , c'est que le Patron aime
furieufement le fexe , prends garde.....

THIBAUT.

Oh que oui , & pis j'y ferons , hein ? (*à Martine*)
ah ça écoute, fille, tu t'boutras dans l'antichambre,
toi ; j'parlerons nous , & fi je n'gagnons rian , tu
paroîtras & nous le conjurerons à nous deux , en-
tens-tu ?

TROTTIN.

Je crois l'entendre, laiffez-moi feul avec lui, je
vais le prévenir fur votre arrivée.

THIBAUT.

Ah ! j'nous r'commandons bian à vous , Monfieur Trottin.

TROTTIN.

Laiffe-moi faire ; laiffe-moi faire. (*Ils fortent.*)

SCENE III.

TROTTIN *feul.*

CE pauvre diable me fait pitié.... fa fille Martine
eft bien jolie !... quels yeux ! .... quelle bouche !...
& fur-tout quelle innocence ! .... cela peut avoir

quinze à seize ans... hom ! quel morceau pour un Clerc ! .... Dès que Monsieur Grapineau la verra, je ne doute pas qu'il ne consente à tout, mais ce vieux libertin demandera un rendez-vous... on le lui accordera ; il prendra une main, il prendre un menton, il prendra.... oh ! parbleu je l'en empêcherai bien, moi... mais le voici, mettons-nous à l'ouvrage, pour qu'il n'ait rien à dire.

SCENE IV.

TROTTIN *à son bureau*, GRAPINEAU *ses lunettes sur le nez, & un dossier à la main.*

GRAPINEAU *jettant le dossier qu'il tient, sur le bureau de son Clerc.*

MONSIEUR, il faudra me répondre à cela.

TROTTIN.

Quand Monsieur, s'il vous plaît ?

GRAPINEAU.

Oi ! quand, quand, avant de souper, je crois.

TROTTIN.

Cela ne se peut pas, Monsieur.

GRAPINEAU.

Non, Monsieur, & pourquoi, s'il vous plaît ?

TROTTIN.

Pourquoi ? c'est qu'il est déjà cinq heures, & que, outre ma grosse à rachever, j'ai encore l'ouvrage du Châtelet à faire.

GRAPINEAU, *soupirant.*

Comme le tems paſſe vîte.... à peine ſorti de table, il faut s'y remettre! Allons, ce ſera donc pour demain. Vous voudrez bien faire attention, Monſieur, que j'occupe pour le demandeur, & encore, pour le défendeur, ſous le nom d'un de mes Confreres.

TROTTIN, *à part.*

Le vieux coquin!

GRAPINEAU.

Ces petites ſupercheries ſont permiſes; ſans cela dans notre état, il n'y auroit pas de l'eau à boire, Monſieur Trottin, ſi jamais vous devenez Procureur, je vous apprendrai toutes les reſſources de notre art, elles ſont innombrables!.... à propos, eſt-il venu quelqu'un?

TROTTIN.

Maître Rongeard, votre Huiſſier, eſt venu chercher la Sentence que vous ſçavez.

GRAPINEAU.

Fort bien; & Thibaut mon Fermier, m'a-t'-il apporté de l'argent?

TROTTIN.

Il eſt là qui vous attend, Monſieur; mais le pauvre diable n'a pas le ſol.

GRAPINEAU.

Tant pis pour lui; demain exécuté.

TROTTIN.

(*Apart*) Je m'en doutois. (*Haut*) Entre Thibaut?

SCENE V.

THIBAUT, GRAPINEAU, TROTTIN.

THIBAUT.

Monsieur!....

GRAPINEAU.

Eh bien, quoi ? voyons, qu'as-tu de bon à m'alléguer ?

THIBAUT.

Je me rendons à vos ordres, mais je n'pouvons pas vous donner d'argent, voyais-vous, j'ons eu tant d'accidents ; d'abord vos veignes ont gela.

GRAPINEAU.

Que m'importe à moi.

THIBAUT.

Ensuite j'ons pardu not' pauvre minagere, & ça m'a baillai tant d'chagrin que j'nons rian pu r'cueillir, rian du tout.

GRAPINEAU.

Tout cela m'eſt indifférent. Tu me dois, n'eſt-ce pas ? je t'ai donné aſſez de tems, Dieu merci ; tu ne me payes point, demain j'envoye garniſon chez toi & je fais exécuter tes meubles.

THIBAUT.

Mais Monſieur Grapineau....

GRAPINEAU.

Mais, mon bon ami, j'en ſuis bien fâché, mais

j'ai befoin d'argent & je ne t'accorderois pas feulement un jour.

THIBAUT.

Morguienne, queu dureté!

(Il fait figne à fa fille d'approcher.)

S C E N E   V I.

GRAPINEAU, THIBAUT, MARTINE,
TROTTIN à fon bureau.

GRAPINEAU.

OH bien, je n'aurois qu'à écouter les difcours de
tous ces gens-la; oh, oh, il faut une jufte févérité,
&... (Il apperçoit Martine.) Quelle eft cette charmante poulette?

THIBAUT.

C'eft not' fille, Monfieur.

(Martine fait la réverence.)

GRAPINEAU.

Co.. co.. comment! c'eft la cette petite morveufe
que j'ai vue haute comme cela !

THIBAUT.

Voirement, c'eft-elle toute crachai.

GRAPINEAU.

Approche, mon cœur, approche? elle eft, elle eft
gentille à croquer !..... Monfieur Trottin ?

TROTTIN.

Monfieur ?

GRAPINEAU.

Paſſez.... je vous prie....´ chez.... ma femme , vous lui demanderez.... ce que vous voudrez enfin, j'ai quelque choſe à dire à Thibaut.

TROTTIN.

J'y vais, Monſieur. (*à part.*) Faiſons ſemblant d'y aller , & cachons-nous.
(*Il entre dans une couliſſe & paroît de tems en tems.*)

GRAPINEAU.

Je voulois me débarraſſer de ce grand eſpion... mais, mais, je n'en reviens pas.... la charmante petite moutonne !.... Comment s'appelle-t-elle ?

THIBAUT.

Martine, pour vous ſervir. (*Il pouſſe ſa fille, pour qu'elle faſſe la révérence.*)

GRAPINEAU.

Hom ! quels yeux fripons ! quel petit coquin de nez ! & des joues ! & des dents !...(*Il rit.*) Oh oh oh..

(*Il s'aſſied dans un fauteuil.*)
MARTINE, *tirant ſon pere par l'habit.*

Allons nous-en , mon pere.

THIBAUT, *bas à ſa fille.*

Tais-toi donc , j'ons bezin d'ly. (*Haut.*) Allons, vas ſaluer Monſieu l'Procureux. (*Elle paſſe devant lui.*)

GRAPINEAU.

Avance, Martine ; approche , mon enfant , quel âge as-tu ?

MARTINE, *faisant la révérence.*

Quinze ans, vienne la Saint-Gilles, Monsieur.

GRAPINEAU, *riant.*

Quinze ans ! oh oh oh !..... as-tu un amoureux ?

MARTINE, *bas.*

Paix donc, n'parlais pas d'ça d'vant mon pere.

GRAPINEAU.

Hom ! la petite rusée ! .... Ah ça, dis-moi, mon enfant, m'aimerois-tu bien ?

MARTINE, *baissant la tête.*

Moi, Monsieur, j'aime tout le monde.

GRAPINEAU.

Tout le monde ! peste, quelle gourmande !

THIBAUT.

All' répond comme all' doit.

GRAPINEAU, *s'enfonçant dans son fauteuil.*

Regarde moi un peu ?.... me trouves-tu beau ?

MARTINE *souriant.*

Dame, pas trop, & pis je n'm'y connoissons guères.

GRAPINEAU.

Quelle innocence ! c'est charmant. (*Il se leve.*) Ecoute, Thibaut, tes malheurs m'ont touché, mon garçon ; je... je... je me sens attendri sur ton sort... ces cent écus que tu me dois... je puis différer... d'ailleurs... (*Un peu plus bas.*) Envoye-moi Martine sur le soir ?

THIBAUT.

Morguienne ! vlà une proposition bian mal honnête !

TROTTIN (*dans la coulisse fait signe à Thibaut d'y consentir.*

GRAPINEAU.

Euh, imbécille ! que crains-tu ? quel danger peut courir un enfant de quinze ans, avec un homme de mon âge !

THIBAUT.

Maugré ça, j'ons d'l'honneur, voyois-vous, &... (*Il tousse.*) Hom hom hom.

(*Comme Trottin continue de faire signe à Thibaut, celui-ci tousse pour lui faire entendre qu'il le comprend.*)

GRAPINEAU.

J'aurai égard à ta complaisance.... & je...

THIBAUT.

Guiabe ! ç'en est une, stella !... (*Il tousse.*) Hom hom.

GRAPINEAU *regardant Martine par intervalles.*

Si tu consens.... je verrai.... écoute ?.... envoye moi Martine ce soir.... & je ... je remettrai à elle ou à celui qui l'amenera, une quittance de tes cent écus ; est-ce parler ça ?

THIBAUT.

La quittance de mes cent écus ? (*Il tousse.*) Hom hom hom.

GRAPINEAU.

Oui.

THIBAUT.

Ben sûr ?

GRAPINEAU *fièrement.*

Foi d'honnête Procureur !

THIBAUT.

Ah !... fur c'ferment-la... (*Il touffe.*) Hom hom
hom.

GRAPINEAU.

Tu es enrhumé, mon pauvre garçon ? tu me
fais pitié ; attends, je vais te chercher du jus de
réglifle à la Reine. (*Il prend le menton à Martine &*
fort joyeux.)

SCENE VII.

THIBAUT, MARTINE, TROTTIN.

TROTTIN, *accourant.*

Consens, Thibaut, confens à tout ? nous
trouverons quelque expédient, pour te faire avoir
la quittance & nous amufer de ce vieux libertin.

THIBAUT *vivement.*

Oui, mais avec tout ça, s'il alloit la...

TROTTIN.

C'eft mon affaire, à moi, ne crains rien, c'eft
mon affaire. Le voici, je me fauve.

SCENE VIII.

GRAPINEAU, THIBAUT, MARTINE.

GRAPINEAU.

Tiens, mon bon ami, prends ceci, prends; c'est pectoral. En voici pour la charmante Martine.

MARTINE.

Grand marci, Monſieu.

GRAPINEAU.

Eh bien, as-tu fait tes réflexions? tu peux t'en fier à moi. Cette enfant, tiens, je ſerois ſon pere!

THIBAUT.

Oh ben, morguienne, je m'en rapportons à vous; drès ce ſoir j'vous l'aménerons moi-même, c'eſt-y poli ça!

GRAPINEAU.

On ne peut pas mieux dire, certainement. Je t'ai toujours connu pour un honnête homme, moi!

THIBAUT.

Vous êtes ben gracieux, en vérité!.. ah, ça à c'ſoir donc, Monſieur? la quittance toujours?

GRAPINEAU.

Oui, oui, je te la promets. Je ſors pour les affaires de mon étude, & je rentrerai vers les huit heures du ſoir. (*Plus finement.*) Vers les huit heures, entends-tu?

THIBAUT.

THIBAUT.

Oui , oui , oui.

GRAPINEAU *s'en allant.*

Oh! Grapineau , Grapineau ! quelle bonne journée pour toi !

SCENE IX.

ROTTIN , *arrêtant* THIBAUT & MARTINE
qui sortent.

TROTTIN.

DIS-moi , as-tu jamais vu un vieux coquin de
cette espece la ?

THIBAUT.

N'm'en parlais pas , j'crais que si vous n'maviais
pas fait seigne, à c'te belle proposition la , j'l'y au-
rions baillai d'mon poing sur la philosomie.

TROTTIN.

Tu as fort bien fait de suivre mes avis. Il s'agit
maintenant de trouver un moyen pour...

THIBAUT.

Dame , vous m'avez mis dans l'lasse , faut
qu'vous n'en retiriais da !

TROTTIN.

C'est à quoi je rêve...

THIBAUT.

Accoutez donc ? quand j'arrivrons là, c'soir nous,
avec not' fille assise sur not' ânesse , & que...

B

TROTTIN *impàtienté*.

Que parles-tu de ton âneſſe, & quel rapport ?...

THIBAUT.

Oh n'faut pas la mépriſai not' bourique, oui dà, ça fait une belle bête, Monſieur ; douce comme un mouton ; ce qu'il y a de drôle, c'eſt qu'all' s'appelle Martine itou comm' not' fille.

TROTTIN *étonné*.

Comment ta bourique s'appelle auſſi Martine!

THIBAUT.

C'n'eſt pas étonnant, voyais vous, c'eſt qu'ſon pere s'appelloit Martin.

TROTTIN.

Tu me fais ſonger !... oh ! la ruſe eſt unique ! nous rirons bien ce ſoir, va, je t'en aſſure !

TAIBAUT.

Oh ! pour ça oui que j'rirons bén, allez... mais d'quoi donc que j'rirons ?

TROTTIN.

Ne t'a-t-il pas dit qu'il remettroit une quittance de ce que tu lui dois, à la perſonne qui lui ameneroit ce ſoir Martine.

THIBAUT.

Oui voirement.

TROTTIN.

Eh bien, mon ami, amene-lui ton âneſſe ? dès que tu lui diras que Martine eſt en bas, il croira que c'eſt ta fille, te donnera le papier promis, & cela nous amenera dès ſcènes fort divertiſſantes.

THIBAUT.

Stapendant s'il n'alloit p as donner dans le pan-
niau.

TROTTIN.

Il y donnera, il y donnera , j'en fuis fûr.

THIBAUT.

A la bonne heure... mais s'il alloit demander à
la voir !...

TROTTIN.

Bon , il ne le pourroit pas , il a du monde à fouper, qu'il ne pourra pas décemment quitter. Criquet le domeftique , qui eft fimple comme un enfant , fera tout ce qu'on lui dira & nous nous amu-
ferons.

THIBAUT *riant.*

C'eft bian trouvai morgué !... Ces Clercs de Procureux , comme ils font malins !

TROTTIN.

J'entends quelqu'un, c'eft peut-être un Client.
Ah ça, Thibaut, je t'attends , toi & Martine ta
bourique. Allons, adieu. (*Ils s'en vont & Trottin les*
ramène.) Ecoute donc , Thibaut, écoute donc ? en
confcience. tu dois me permettre de l'embraffer ,
elle ne peut pas me refufer un baifer pour ce que je
lui fauve.

THIBAUT.

Ah ! ça c'eft jufte, & puis vous nous faites ga-
gai cent écus !

MARTINE.

Faut-il , mon pere ? j'en ai ben envie !

(*Trottin l'embraffe*)

B 2

TROTTIN.

Voilà un baiser qui vaut cent mille écus. Allons,
à ce soir, à ce soir.

THIBAUT.

Au revoir.

SCENE X.

TROTTIN *seul.*

QUELLE joie pour un Clerc, quand il peut du-
per son Procureur ! & puis, je lui en dois pour m'a-
voir accablé d'ouvrages, les jours où il sçavoit que
j'avois des parties à faire. Oh ! il va bien me payer
tout cela aujourd'hui.

SCENE XI.

DANDINET, *ricannant sans cesse,* TROTIN,
à son Bureau.

DANDINET, *les mains dans ses poches.*

COMME tout est grand donc dans ce Paris ! (*Ap-
percevant Trottin.*) Ah ! bon jour, mon cher oncle,
permettez, mon cher oncle, qu'un neveu, mon
cher oncle, ait l'honneur, mon cher oncle, en ce
jour solemnel, mon cher oncle, de vous embrasser.....

(*Il veut l'embrasser.*)

TROTTIN.

Vous êtes bien honnête, Monfieur; mais permettez moi de vous demander par quel hafard je
rencontre un neveu fi grand, moi qui n'ai ni frere
ni fœur ?

DANDINET.

Eh, eh, vous plaifantez, monfieur mon cher oncle !... je m'appelle Chriftophe-Jean-Gilles-Ignace
Dandinet, fils de Jean Gilles Dandin de la Dandinardiere Procureur- Fifcal & Juge Préfidial du
Bailliage de Saint Fricourt, en baffe-Normandie.
Lequel fufdit Dandin, de la Dandinardiere, mon
cher pere ; a époufé Mathilde-Barbe Grapineau,
qui eft votrefœur, à ce que je me fuis laiffé dire.

TROTTIN *fouriant.*

Ah pardon, pardon, Monfieur ? je n'avois pas
l'honneur de reconnoître en vous, l'illuftre rejet-
ton de la noble famille des Dandins, fi ancienne
que Racine en eft le célèbre Hiftorien. Vous me
permettrez de vous dire cependant que je ne fuis
pas monfieur Grapineau, mais feulement fon
maître Clerc, pour vous fervir. (*A part.*) Voilà
un franc nigaud.

DANDINET.

Ah ben, c'eft ben drôle ça ! eft-ce que je me fe-
rois trompé !... ça m'étonne pourtant, car jamais
ça ne m'arrive ; j'en fuis bien fâché Monfieur, je
vous en demande ben pardon & excufe.

TROTTIN.

Oh ! il n'y a pas de mal à cela.

DANDINET.

Ah, ah, fans doute, vaut mieux ça qu'une jambe caffée comme dit c't'autre. Finalement bref pour finir, je voudrois ben parler à mon cher oncle Grapineau, car je fuis fon neveu, afin que vous le fchaffiez.

TROTTIN.

J'en fuis charmé, en vérité : mais pour le moment il eft forti, il n'y a que Madame.

DANDINET.

Oh, oh, ben, c'eft égal ça, j'aime encore mieux parler aux femmes qu'aux maris ; n'eft-ce pas Monfieur ?

TROTTIN.

Diable ! Monfieur me paroît un jeune égrillard...

DANDINET.

Bah ! c'eft plaifant, comme vous devinez ça ! il eft vrai de convenir effectivement en effet, qu'on reconnoît aifément un Petit-Maître à fes magnieres.

(Il fe quarre.)

TROTTIN.

(*A part.*) Monfieur Grapineau a là un neveu bien fuffifant. Ah ! il tient de famille. (*Haut.*)Quand vous ne me l'auriez pas dit, Monfieur, je vous aurois reconnu aifément pour le neveu de la maifon ; des graces ! un air noble ! un port élevé ! une figure ! & fur tout une jambe !.. ah !

DANDINET.

Oh, oh, pour ce qui eft de ça, je ne puis pas me diffimuler à moi-même que je fuis ben tourné.

TROTTIN.

Vous êtes modeste avec cela ! c'est joli, très-joli, ma foi.

DANDINET.

Ah dame, écoutez donc, monsieur de chose, il ne seroit pas décent ni honnête, qu'on aille de soi-même, jetter sa belle taille ou sa belle jambe au nez des gens, ça deviendroit ridiculisable.

TROTTIN *souriant.*

Ah ! oui, ridiculisable est fort bien dit.

DANDINET.

Ah ! pour ce qui est de ma langue, allez, j'ai assez étudié mes études pour savoir parler tous les gros termes.

TROTTIN.

Mais l'on s'en apperçoit aisément.

DANDINET.

Eh, eh, eh, vous êtes ben honnête. Ah ça, je vais donc tâcher de voir ma ch'tante. (*Il court de toutes ses forces.*)

TROTTIN, *courant après lui & le ramenant.*

Attendez, attendez donc, je vais savoir si elle est visible. (*Il appelle.*) Criquet ?

SCENE XII.

DANDINET, CRIQUET, TROTTIN.

CRIQUET, *garçon très-niais.*

Qu'est-ce que c'est, monsieur Trottin?

TROTTIN.

Criquet, va dire à Madame, que Monsieur son neveu vient d'arriver ; tiens, vois-tu ce joli garçon?

DANDINET *à Criquet.*

Ah, Monsieur, j'ai l'honneur de vous souhaiter bien le bon jour.

CRIQUET *ricannant.*

Monsieur, je ne suis pas moins le vôtre.

DANDINET, *montrant Criquet au doigt & se moquant de lui.*

Ah, ah, ah, ah.

CRIQUET *se moquant aussi de Dandinet.*

Eh, eh, eh.

DANDINET *éclatant de rire.*

Hi, hi, hi, hi.

CRIQUET.

Oh, oh, oh, oh.

TROTTIN *au public.*

Voilà deux belles têtes ! (*A Criquet.*) Allons, va donc où je t'ai dit ?

CRIQUET *s'en allant.*

J'y vais.

DANDINET, *retenant Criquet par son habit.*

Oh, Monsieur, je ne souffrirai pas assurément...

CRIQUET.

Mais, Monsieur.

DANDINET, *s'efforçant de le retenir.*

Ne vous dérangez pas, je vous prie?

CRIQUET.

Mais, puisqu'on me le dit...

DANDINET.

Ne vous donnez pas tant de peine?...

CRIQUET.

Vous plaisantez!...

DANDINET.

J'irai plûtôt moi-même.

TROTTIN, *souriant.*

Eh, Monsieur, laissez-le aller, la peine n'est pas grande, je vous jure.

(*Criquet sort.*)

SCENE XIII.

DANDINET, TROTTIN.

DANDINET.

QUEL est donc ce Monsieur-là?

TROTTIN.

Comment, ce Monfieur là !... vous ne voyez pas
que c'eſt le Domeſtique de la maiſon.

DANDINET *ſtupéfait.*

Un Domeſtique ! un Domeſtique !... moi qui....
Ah, pour ça, faut avouer que je ſuis un fier nigaud !

TROTTIN.

C'eſt qu'ils ne ſont pas ſi bien mis chez vous ?

DANDINET.

Sans doute, c'eſt ça qui fait. (*Il ricane.*) Ah, ah,
au ſurplus, il n'y a pas de mal, ça peut arriver à
tout le monde ; n'eſt ce pas, Monfieur ?

SCENE XIV.

Madame GRAPINEAU, DANDINET, CRIQUET, TROTTIN.

CRIQUET.

V'LA Madame, Monfieur, qui vient elle même
en perſonne.

Madame GRAPINEAU *les bras ouverts.*

Où eſt-il donc, mon cher neveu, que je l'embraſſe.

DANDINET.

Me v'là ; ah ! bon jour ma ch'tante.

(*Il lui prend la tête à deux mains & écraſe ſon
bonnet.*)

TROTTIN *à part.*

Voila une scène bien touchante. (*Il se met à son bureau.*)

Madame GRAPINEAU.

Eh bien, mon ami, c'est toi, comme tu es grandi ! je t'ai vu haut comme cela ; tu n'étois alors qu'un petit poliſſon, mais à préſent...

DANDINET.

Ah dame, ma ch'tante, me vl'à à préſent grand comme un homme, oui !

Madame GRAPINEAU.

Je t'attendois aujourd'hui ; car j'ai reçu une lettre de ton pere.... à propos, comment ſe porte-t-il, ce cher homme ?

DANDINET.

Ah ! pas trop ben vraiment, il lui eſt ſurvenu dans les reins une goutte aſiatique qui le tourmente comme un démon !

Madame GRAPINEAU.

Et que fait-il à cela ?

DANDINET.

Il prend de temps en temps d'excellents tropiques.

Madame GRAPINEAU.

Ah ! je ſuis bien fâchée de cet accident.

DANDINET.

Oh ! il n'y a pas de quoi certainement, ça n'empêche pas quoique ça, qu'il ne m'ait ben recommandé de vous dire qu'il m'avoit dit que je vous dise qu'il vous diſoit ben des politeſſes.

Madame GRAPINEAU.

Il eſt bien honnête , mon frere ! j'aurois répondu plutôt à ſa lettre , ſi je n'étois pas toujours malade ; mais j'ai une ſi petite ſanté , toujours des maux de tête. Comment me trouves-tu aujourd'hui ? j'ai les yeux bien battus , n'eſt-ce pas ?

DANDINET, *la regardant de près.*

Oh ! que non , ma ch'tante , vous avez tout au contraire des couleurs tout comme ſi vous aviez mis du fard.

Madame GRAPINEAU.

Non , j'ai une migraine affreuſe.

DANDINET.

Ah ! ça n'empêche pas que vous ne ſoyez ben jolie , allez !

Madame GRAPINEAU.

Je ſuis ſi aiſe de te voir , mon cher neveu !....

DANDINET.

Vous avez ben d'la bonté , ma ch'tante. (*Il la baiſe au front.*)

Madame GRAPINEAU.

Et ſur-tout grand comme te voila ; car tu fais un fort joli garçon ! qu'en dites-vous , monſieur Trottin ?

TROTTIN.

Oui Madame , Monſieur eſt tout votre portrait.

Madame GRAPINEAU.

Toujours galant , Monſieur Trottin , toujours galant : mais , plaiſanterie à part , il a vraiment de mon air. Ah ça , mon garçon , je t'ai fait préparer un lit, la, tiens, dans le petit cabinet. Tu souperas avec nous; oh mais, tel que te voila, en Voyageur; mais demain tu mettras un habit plus propre &....

DANDINET.

Oh ! allez, ma ch'tante, j'n'en manque pas. j'ai apporté dans ma malle un bel habit maron, avec des biaux boutons de Pinch....bec, que mon ch'pere m'a fait faire pour la noce de ma grand-sœur Anne, & puis j'ai encore un bon habit noir, ben ample, qu'il m'a fait faire avec un des siens.

Madame GRAPINEAU.

Fort bien, tu mettras demain l'habit noir, par-ce que c'est jour d'assemblée chez madame Raffle, l'épouse d'un des Confreres de mon mari.

DANDINET *riant.*

Madame Raffle ! oh, oh, oh, oh.

Madame GRAPINEAU.

Tu t'amuseras la. On joue, on cause, & puis vers les six heures, on sert le petit goûter; c'est un demi verre d'excellent vin de Brie, avec une pomme, une noix, quelque chose enfin.

DANDINET.

Oh moi, j'aime tout ça d'abord; je puis vous jurer encore ma ch'tante, que vous pouvez tout-à-fait entiérement disposer de ma petite personne.

Madame GRAPINEAU.

J'en suis persuadée, mon cher neveu. Mais où est donc monsieur Grapineau ? cela est affreux ! ne point se trouver ici pour recevoir ses parents ! oh ! c'est un cruel homme !

TROTTIN *se levant.*

Madame, il eft forti pour affaire; mais il ne peut pas tardef, car il doit rentrer vers les huit heures.

(*Il tire fa montre.*)

DANDINET, *tirant une très-groffe montre de fer-blanc.*

Ah! elle eft arrêtée!... j'ai oublié de la monter; mon ch'pere me l'avoit pourtant bien recommandé.

Madame GRAPINEAU.

C'eft un bijou de famille fans doute?

DANDINET.

Oui, ma ch'tante, c'eft le Serrurier d'à-côté de chez nous, qui l'a fait à mon ch'pere, écoutez ce mouvement la, comme c'eft chenu! (*Il la monte & elle doit faire le bruit d'un tourne-broche.*)

Madame GRAPINEAU *fouriant,*

C'eft très-joli!

DANDINET, *riant avec éclat à chaque mot qu'il dit.*

A propos, que je vous faffe donc rire. Oh, oh, oh, oh, eft-ce que.... Ah, ah, ah, ah, ah, eft-ce que.... Eh, eh, eh, eh eh.... lui, lui, tenez. Ah, ah, ah, ah, ah... Eft-ce que je n'ai pas pris, tout en arrivant, Monfieur pour mon oncle, moi?

Madame GRAPINEAU.

Monfieur Trottin!

DANDINET.

Oui, lui-même, n'eft-ce pas farce ça!

Madame G R A P I N E A U.

Tu ne faifois donc pas réflexion que mon mari
feroit le pere de Monfieur, il a.... le double de mon
âge. Cela eft fi vrai, que les premiers jours de
notre mariage, quand nous fortions enfemble, on
nous prenoit pour le pere & la fille.

D A N D I N E T.

Je n'en reviens pas, moi ! ouffe-donc que j'avois
fourré mon efprit !

T R O T T I N *à part.*

Ne te donne pas la peine de le chercher.

Madame G R A P I N E A U.

Voilà Monfieur Grapineau à la fin !

***

S C E N E XV.

Madame GRAPINEAU, GRAPINEAU. DANDINET, TROTTIN.

Madame G R A P I N E A U.

M ON ami, voila notre neveu arrivé.

G R A P I N E A U.

Ah ! mon cher neveu, je fuis ravi de vous voir;
tenez, demandez, je fuis rentré aujourd'hui plûtôt
qu'à l'ordinaire, exprès pour avoir le plaifir de
vous embraffer.

D A N D I N E T *embarraffé.*

Certainement ; Monfieur, je fens bien... mon

cher oncle, tout l'honneur... & l'avantage que j'ai...

Madame G R A P I N E A U à son mari.

Il est timide, mon ami, il faut l'encourager.

G R A P I N E A U.

Comme le voila grandi ! qu'en dis-tu, ma petite femme, cela nous chasse, oui ?

D A N D I N E T.

Ah, ah, ah. Pourquoi donc ? C'est égal..... ç'à n'empêche pas.....

G R A P I N E A U, tirant sa montre.

Allons, voilà huit heures & demie. Ma femme, dis que l'on serve le souper ? c'est le verre à la main, mon cher neveu, que nous allons renouer connoissance. (*A part.*) Que Diable ! je n'ai pas pensé à ce maudit neveu, moi, en lui donnant parole pour ce soir.

T R O T T I N, à part.

Voilà le moment qui approche.

Madame G R A P I N E A U.

Eh bien ! rien n'empêche que nous soupions je crois. Mon neveu, je ne te demande pas si tu as faim.

D A N D I N E T.

Oh ! moi, j'ai des dents jusqu'à la fossette du cou.

❧

SCENE

SCENE XVI.

LES ACTEURS PRÉCÉDENTS, CRIQUET.

(*On entend dans la cour le braiement d'un Ane.*)

CRIQUET, *à Grapineau.*

MONSIEUR, Thibaut est là-bas, qui m'a dit de vous dire comme ç'à qu'il vous amenoit Martine.

GRAPINEAU.

Hom, le butor ! Parle donc bas, animal.

Madame GRAPINEAU, *à Criquet.*

Qu'est-ce que c'est donc que cette Martine ?

CRIQUET.

C'est son ânesse, Madame.

GRAPINEAU, *à part.*

Pas mal-adroit ; au moins il raccommode sa sottise.

Madame GRAPINEAU, *à son mari.*

Tu la lui as demandée, mon ami ?

GRAPINEAU.

Oui, oui.

Madame GRAPINEAU.

Bon ! Et pourquoi faire ?

GRAPINEAU.

J'ai mes raisons, ma petite maman, j'ai mes raisons. (*A part.*) Il a tenu parole.

C

DANDINET, *à sa tante.*

Ma ch'tante, ouffe que je mettrai donc ma malle, qui s'ennuie à la porte ?

Madame GRAPINEAU.

Tiens, viens mon ami ; je vais te montrer ta chambre.

DANDINET, *fautillant.*

Sans adieu, mon oncle ; je vais avec ma tante.

SCENE XVII.

CRIQUET, GRAPINEAU, TROTTIN, *à son Bureau.*

GRAPINEAU, *emmenant Criquet fur le bord des rampes.*

ELLE eft donc là-bas ?

CRIQUET.

Oui, Monfieur.

GRAPINEAU.

Comment la trouves-tu ?

CRIQUET, *ricanant.*

Oh ! alle eft belle comme tout. Allez ; eh, eh, eh.

GRAPINEAU.

Ses yeux ?

CRIQUET.

Superbes !

GRAPINEAU.

Et fa taille ; hein ?

CRIQUET.

Magnifique !

GRAPINEAU.

Je fuis charmé qu'elle foit de ton goût ! que je voudrois bien defcendre pour la voir ! Mais ma femme va rentrer ; ce feroit lui donner des foupçons.....

CRIQUET.

Oh ! Monfieur , vous n'avez qu'à me dire où je la logerai ; c'eft tout comme fi vous y étiez.

GRAPINEAU , *lui donnant fecrettement une clef.*

Tiens , voilà la clef de ma chambre ; conduis-là fans bruit......

CRIQUET , *ftupéfait.*

Comment ç'à donc , Monfieur ?

GRAPINEAU.

Oh , butor ! tu n'entends pas que je te dis de la conduire à ma chambre.

CRIQUET.

Qui ç'à donc , Monfieur ?

GRAPINEAU.

Qui ? Eh parbleu , Martine.

CRIQUET.

Allons donc, vous plaifantez ! all' fera ben mieux à l'écurie.

GRAPINEAU.

Euh , infolent ! à l'écurie ! Martine ! Ne plaifante point , & fais ce que je te dis.

C 2

CRIQUET.

C'eſt différent ç'à. C'eſt donc à votre chambre ?
C'eſt ben dit ; ſi elle veut y monter.

GRAPINEAU.

Tu lui diras que je l'en conjure.

CRIQUET.

Ah , ah , ah. (*Il s'en va & revient.*) A propos,
Thibaut m'a dit que vous lui remettiez un petit
papier.

GRAPINEAU.

Je ſçais ce que c'eſt. Allons , écrivons-le ; ma
foi , il le mérite bien.

(*Il écrit tout de bout ſur le Bureau de Trottin.*)

CRIQUET , *au Public.*

Je crois qu'il eſt fou , moi , not' Maître. Que de
cérémonies pour une bourique !

SCENE XVIII.

DANDINET, Madame **GRAPINEAU**,
GRAPINEAU, CRIQUET, TROTTIN , *à ſon
Bureau.*

Madame GRAPINEAU.

Criquet, tu feras ſervir le ſouper, quand Monſieur aura fini d'écrire.

CRIQUET.

Oh , Madame ! il eſt tout prêt.

Madame G R A P I N E A U , *à Dandinet.*

Tu ne foupes pas fi tard ordinairement ?

D A N D I N E T.

Non , ma ch'tante ; auffi nous nous levons drès le potron minet.

G R A P I N E A U , *à Criquet.*

Tiens , tu lui remettras ce papier ; & tu lui diras que c'eft la quittance en queftion.

C R I Q U E T.

J'y vais. (*Il va & revient.*) Ah , Monfieur ! vous allez donc la garder ici ?

G R A P I N E A U.

Oui , mon ami , tant que je le pourrai.

C R I Q U E T,

Oh ben , tant mieux. (*Il va & revient.*) Monfieur , me permettrez vous de monter deffus de temps en temps ?

G R A P I N E A U , *très en colere.*

Attends , impertinent.....

　　　　　　　　　(*Criquet fe fauve.*)

SCENE XIX.

DANDINET, Madame GRAPINEAU, GRAPINEAU, TROTTIN.

Madame GRAPINEAU.

Avez-vous fini, Monſieur ; peut-on ſe mettre à table ?

GRAPINEAU.

Quand vous voudrez, Madame Grapineau. Mon neveu, je vous demande bien pardon, c'eſt une affaire importante qui éxigeoit.....

DANDINET.

Oh allez, mon oncle, ne vous gênez pas, vous pouvez tout faire devant moi.

GRAPINEAU.

Monſieur Trottin, quittez l'ouvrage, & apportons la table à nous deux ; car Criquet eſt occupé là bas.

TROTTIN.

Volontiers, Monſieur....

(*Ils ſortent.*)

DANDINET, *à ſa tante.*

Y a-t-il long-temps que vous l'avez, ce Criquet ?

Madame GRAPINEAU.

Mais.... oui, mon ami.

DANDINET.

Oh, mon Dieu ! comme il a l'air bête !

(*Grapineau & Trottin apportent la table.*)

GRAPINEAU.

Allons, à table, à table ? mon neveu, vous allez faire mauvaife chere ; mais, que voulez-vous, les pauvres gens vivent comme ils peuvent.

DANDINET.

Oh moi ! je trouve toujours tout bon.

Madame GRAPINEAU.

Ici mon neveu, à côté de moi ; Monfieur Trottin là, & Monfieur à fa place ordinaire.

(*Quand ils font affis, Criquet emmene la Bourique au fond du théâtre, & la pouffe pour la faire entrer par la porte du fond. Les Acteurs font cenfés ne pas s'en appercevoir.*)

SCENE XX.

DANDINET, Madame GRAPINEAU, TROT-TIN, GRAPINEAU, CRIQUET.

GRAPINEAU, *bas à Criquet, qui fe place derriere fon fauteuil, une ferviette fous le bras, & une affiette à fa main.*

ELLE eft donc là haut ?

CRIQUET.

Oui, Monfieur, je l'ai fait monter avec ben des difficultés, allez.

GRAPINEAU.

Oh ! patience, nous faurons l'apprivoifer.

CRIQUET.

Ah que oui !

Madame GRAPINEAU.

Mon neveu ? te servirai-je de ceci ?

DANDINET.

Volontiers, ma ch'tante.

Madame GRAPINEAU.

Comment le trouves-tu ?

DANDINET *la bouche pleine.*

Délicieux, en vérité.

Madame GRAPINEAU.

Ce font des lapins que l'on a envoyé à Monfieur ; nous en recevons comme cela de temps en
temps qui font excellents.

DANDINET.

C'eft ben agréable !

GRAPINEAU, *donnant fourdement par-deſſous*
fon bras à Criquet, du civet dans une aſſiette.

Porte cela à Martine ?

CRIQUET.

A qui donc, Monfieur ?

GRAPINEAU *bas.*

A Martine, te dis-je.

CRIQUET.

Allons donc, Monfieur, vous riez !.... du fon à
Martine !

GRAPINEAU *outré & bas.*

Euh ! drôle ! pas obéi, je crois.

CRIQUET.

Oh! moi, j'y vais. (*Il fort.*)

GRAPINEAU, *haut & touffant.*

Hom hom hom. Que dit-on de bon chez vous, mon neveu ?

DANDINET, *toujours mangeant.*

Rien, mon cher oncle, qui foit digne de vous être raconté, fi non que mon ch'pere vient d'acheter un bien de campagne, oufle qu'il nous fera loifible & permis d'aller paffer tous les étés.

(*Criquet revient & effuie une affiette.*)

GRAPINEAU.

C'eft bien agréable, ma foi; j'avois envie auffi d'acheter quelque mafure pour ma petite femme. Par exemple....

(*Criquoit qui effuyoit gauchement une affiette la laiffe tomber par terre, elle fe brife.*)

DANDINET.

Ah!..... voyez donc mon oncle ; il vient de caffer une affiette. Qu'il eft donc mal-adroit !

GRAPINEAU, *à Criquet.*

Comment, Monfieur ?.....

DANDINET.

Tenez ; ramaffez donc encore ce petit morceau, on la fera recoudre. Qu'il eft nigaud !..... Laiffez faire ; allez, moi, mon oncle, je le dégourdirai.

GRAPINEAU.

Je difois donc que je voulois acheter, pour Madame Grapineau, un bien de campagne...... Par exemple , à côté de la Ferme à Thibaut..... c'eſt un joli endroit ! Qu'en dis-tu , ma petite maman ?

Madame GRAPINEAU.

Il y a cent ans que je vous tourmente pour cela , Monſieur ; mais je ne puis rien obtenir de vous. Imagine-toi, mon neveu, que j'ai une ſanté ſi délicate , ſi délabrée !......

DANDINET.

Vous êtes délabrée , ma ch'tante !.....

Madame GRAPINEAU.

L'air de la campagne me feroit un bien infini ! Eh bien , Monſieur le ſçait. Il ne s'eſt pas encore aviſé , depuis le temps que je ne me porte pas bien, d'acheter le plus petit trou pour moi ; c'eſt d'autant plus mal , qu'une maiſon coûte ſi peu de choſe à un Procureur !

DANDINET.

C'eſt vrai ç'à !

GRAPINEAU, *donnant, par-deſſous ſa ſerviette, une bouteille à Criquet.*

Pour Martine.

CRIQUET.

Pour moi , Monſieur ?

GRAPINEAU.

Euh ! pour Martine, te dis-je.

CRIQUET.

Allons donc , Monſieur ; un ſceau d'eau à Martine !

GRAPINEAU , *bas & outré.*

Euh , butor ! toujours contrarier. (*Criquet sort.*)

Madame GRAPINEAU.

Qu'avez-vous donc , Monſieur ? Vous avez toujours l'air fâché.

GRAPINEAU.

Ce..... ce n'eſt rien. C'eſt ce coquin de Criquet ;...
on a une peine à ſe faire obéir.....

TROTTIN.

C'eſt vrai ; il a toujours l'air d'un Baſile.

Madame GRAPINEAU.

A ta ſanté , mon neveu.

DANDINET.

A la vôtre , ma ch'tante ; à celle de mon cher
oncle , & de toute l'aimable compagnie.

                    (*Criquet revient.*)

Madame GRAPINEAU.

Mon neveu , un peu de ce pâté.

DANDINET, *contrefaiſant Bride-Oiſon.*

Ah ! oui , du pâ â â ââté.

Madame GRAPINEAU.

Une aſſiette donc , Criquet ? Tiens , il eſt excellent. C'eſt un Client qui demeure à Amiens , & qui
nous envoie tous les mois un pâté de ſon Pays.
Ç'à fait un bien honnête homme !

DANDINET , *la bouche pleine.*

Oh , pour ç'à oui !

GRAPINEAU, *donnant du pâté à Criquet.*
Pour Martine.

CRIQUET.

Oh ! allez , all' n'y fait pas grand tort.

(*Il fort.*)

Madame GRAPINEAU, *voyant son mari prendre
du pâté.*

Comme vous mangez donc , Monsieur , votre
assiette ne se vuide pas ! La pâtisserie est lourde le
soir , prenez garde à être incommodé cette nuit.

GRAPINEAU, *à Dandinet.*

Fait-on ainsi des présents à mon frere ?

DANDINET.

Ah ! dame oui. Par exemple : l'autre jour on lui
a envoyé un gros gros gros dindon, sauf votre
respect, qui pouvoit bien peser..... oh ! beaucoup.

Madame GRAPINEAU.

On l'a mangé en famille , sans doute ?

(*Criquet revient.*)

DANDINET.

Assurément. C'est encore tout comme quand on
a envoyé à mon ch'pere , dans une grande bourique , un gros pâté aux trufles ; dame, c'est rare ç'à !...
Eh ben, mon ch'pere a invité ma sœur Anne , son
mari , mes cousins, mes cousines , & Monsieur &
Madame l'Elu , qui est une grosse femme !...... c'est
qu'il y avoit à se lécher les doigts , oui !

Madame GRAPINEAU.

Je le crois. Allons , buvons à la santé de Monfieur Dandin de la Dandinardiere, notre cher frere.

DANDINET.

Et mon ch'pere, par conféquent.

TOUS LES ACTEURS.

Allons, à fa fanté.

DANDINET, *à Trottin, avant de boire.*

Mais, vous ne dites mot, vous, Monfieur le Clerc?

TROTTIN.

Ce n'eft pas mon ufage de parler à table.

DANDINET.

Je crois bien ; vous avez toujours la bouche pleine.

(*Ils boivent.*)

Madame GRAPINEAU.

Allons, un peu de falade ?

DANDINET.

Oh, ne faites pas attention, ma ch'tante, j'ai ma fourchette. (*Ils tirent de la falade.*)

GRAPINAUT *en donnant à Criquet.*

Pour Martine.

CRIQUET.

Oh ! ça !.... encore all' l'aimeroit mieux toute crue.....

(*Il fort.*)

GRAPINEAU.

Euh !....

Madame GRAPINEAU.

Mais, Monfieur, ou l'envoyez-vous donc fans ceffe !....

GRAPINEAU.

Ne t'inquietes pas , ma petite femme ; il va où je l'envoie.

(*Dandinet qui fe balançoit fur fa chaife , tombe à la renverfe.*)

Madame GRAPINEAU.

Ah mon Dieu ! ne t'es-tu pas bleffé ?

DANDINET.

Non , ma ch'tante , c'eft la chaife.

CRIQUET *à part.*

Oh ! le mal adroit ! Eh , eh , eh.

DANDINET.

C'n'eft rien , allez , ne faites-pas attention ?

GRAPINEAU.

Bois un verre d'eau , pour te remettre les fens.

DANDINET.

Oh que non , un verre de vin vaut mieux.

(*Il boit.*)

Madame GRAPINEAU.

Comment le trouves-tu ?

DANDINET.

Il n'y en a pas de meilleur !

Madame GRAPINEAU.

C'eft encore un préfent qu'on nous a fait. Oh ! Monfieur eft fort bien en Clients.

DANDINET.

On en a envoyé derniérement à mon ch'pere ,

qui eſt ſuperbe ! puiſqu'on lui a aſſuré que c'étoit du vin de Surêne.

Madame GRAPINEAU.

Surêne n'eſt pourtant pas un pays vignoble.

DANDINET.

Oh ! c'eſt égal allez , ça n'empêche pas qu'il ſoit bon.

Madame GRAPINEAU.

Mon ami, veux-tu un petit morceau de fromage pour boire un coup , & une noix pour faire la di-geſtion ?

DANDINET , *qui n'a pas ceſſé de manger.*

Ben obligé ma ch'tante , mon ch'pere m'a tou-jours ordonné de reſter ſur mon appétit.

GRAPINEAU , *bas à Criquet.*

Mange-t-elle ?

CRIQUET.

Oh ben oui ! all' n'aime pas tous ces mets là , elle.

GRAPINEAU.

Ah ça mon neveu , vous devez être fatigué , un voyageur a beſoin de repos , nous allons vous laiſſer maître d'en prendre.

Madame GRAPINEAU.

Un moment donc Monſieur ? on n'a pas eu le temps de dire un mot.

GRAPINEAU.

Oh ! vous en direz tant qu'il vous plaira. Pour moi , je me retire. (*Il ſe leve.*)

Madame G R A P I N E A U *se levant.*

Qu'il eft mauffade !

D A N D I N E T.

Attendez, ma ch'tante, que je mette une épin-
gle à ma ferviette, car moi, j'aimerois mieux ne
manger rien, & le manger proprement.... la !

Madame G R A P I N E A U.

Allons, mon neveu, je t'ai montré ta chambre,
tu peux t'y aller repofer.

(*Grapineau & Trottin emportent la table, tandis
que Criquet prend une lumiere pour éclairer Dandinet.*

D A N D I N E T.

Allons, ma ch'tante, j'ai ben l'honneur de vous
fouhaiter une bonne fanté & tout ce qui peut vous
faire plaifir pendant la nuit, ainfi qu'à mon cher
oncle. (*Il les embraffe.*) (*A Trottin.*) Adieu, Monfieur de chole. (*Il lui faute au cou, puis il s'en va.
Criquet le fuit avec fa chandelle. A la couliffe, Dandinet fe retourne pour lui parler, ils tombent tous les
deux.*

Madame G R A P I N E A U.

Ah ! mon Dieu ! encote ! mais tu as du malheur
ce foir.

G R A P I N E A U.

Tu es fans doute bleffé ?

D A N D I N E T.

Non mon oncle, c'eft cet imbécille-la auffi.
Quand une forciété s'en va, eft-ce que la chandelle ne doit pas aller devant donc ?

GRAPINEAU.

GRAPINEAU.

Sans doute. (*A Criquet.*) Monſieur, éclairez donc mon neveu comme il faut, s'il vous plait ?

(*Criquet va devant.*)

DANDINET.

Allons donc, Monſieur Criquet, dégourdiſſez-vous donc un peu ? (*Il s'en va & dit en ſautillant.*) Adieu, mon oncle, adieu, ma tante. (*On baiſſe les rampes.*)

SCENE XXI.

Madame GRAPINEAU, GRAPINEAU, TROTTIN, CRIQUET, *qui revient avec ſa lumiere.*

GRAPINEAU *à ſa femme qui s'en va.*

Tu ne me ſouhaites pas le bon ſoir, ma petite.

Madame GRAPINEAU.

Eh bien !..... Bon ſoir.

GRAPINEAU.

Que je t'embraſſe donc ?

Madame GRAPINEAU, *tendant la joue.*

Allons ; je ſuis trop bonne.

GRAPINEAU, *l'embraſſant.*

Bon ſoir, ma petite maman.

D

Madame G R A P I N E A U, *d'un air affable.*

Bon soir, Monsieur Trottin.

T R O T T I N, *emportant une lumiere.*

Madame, j'ai l'honneur de vous souhaiter le bon soir.

(*Il s'en va d'un côté, & Criquet éclaire Madame Grapineau qui sort de l'autre.*)

S C E N E X X I I.

G R A P I N E A U, *seul.*

A H ! me voilà débarrassé de tous les importuns..... je puis aller retrouver ma charmante Martine ! La jolie figure !..... Quel plaisir quand j'y pense !

(*A Criquet qui revient avec sa lumiere.*)

Ah ç'à, Monsieur Criquet, vous avez assez fait le petit plaisant toute la soirée !..... mais je vous pardonne, à condition que vous ne soufflerez pas un mot de tout cela à Madame.

C R I Q U E T, *ricanant.*

Oh, que non !

G R A P I N E A U.

Tu as vu la beauté que Thibaut m'a amenée ;..... j'ai bien voulu me fier à ta discrétion, mais tu ne t'en repentiras pas. (*Il s'en va, & ramene Criquet qui l'éclairoit.*) Retire-toi, je n'ai pas besoin de lumiere ; & songe à ne pas venir dans ma chambre, quand tu entendrois crier, appeller, quand j'appellerois moi-même..... Hom..... (*Il s'en va très-vîte.*)

CRIQUET.

·Oh ! puifque vous l'ordonnez..... (*Au Public.*)
Je crois qu'il a le Diable au corps , moi. La beauté ! Eh, eh, eh..... Au furplus , ç'à m'eft fort égal
à moi , puifqu'il le veut comme ç'à..... Je m'en vais
me coucher moi ; bon foir.

(*Il s'en va avec la lumiere.*)

SCENE XXIII.

TROTTIN, *feul.*

Bᴏɴ foir , les voilà tous partis ; l'excellente aven-
ture ! J'avois toutes les peines du monde à m'em-
pêcher de rire pendant le fouper. *Pour Martine ;
mais , Monfieur , du fon..... Euh , butor !* Ah ! quel
tour, quel tour ! je défie que jamais Clerc en ait
joué de femblable à fon Procureur. Avec tout ç'à
je fuis bien aife que ce pauvre Diable de Thibaut
ait fa quittance. Monfieur Grapineau étoit fourd à
toutes les prieres de fon Fermier ; fa fille paroît, il
tente de la féduire..... Oh ! il mérite d'en être puni ,
féverement puni..... Mais , j'entends du bruit là-
dedans..... Voici le dénouement : écoutons , écoutons.

GRAPINEAU , *en dedans.*

A moi, à moi ! Au fecours, au fecours ! Ma
femme ! Criquet ! tout le monde ! (*On entend braire
l'Ane.*)

SCENE XXIV.

CRIQUET, *accourant en bonnet de nuit & sa chandelle à la main*, TROTTIN.

CRIQUET.

QUEST-CE que c'est ? qu'est-ce qu'il y a donc ? Oh ! mais, je n'ose pas moi, il m'a défendu d'y aller.

GRAPINEAU, *en dedans.*

Comment. personne ne vient ! Coquin, malheureux, scélérat, infâme !

CRIQUET.

J'y vais moi ; ç'à me fait trop de peine.

SCENE XXV & *derniere.*

Madame GRAPINEAU, GRAPINEAU, CRIQUET, TROTTIN, DANDINET.

(*Comme Criquet va pour secourir Grapineau, celui-ci en bonnet de nuit, & en robe de chambre, ouvre la porte du fond & le saisit au collet. En même-temps, Dandinet en bonnet de nuit & à moité habillé, sort de la coulisse, un bougeoir à la main. Madame Grapineau en cornette de nuit, sort aussi de l'autre côté, un bougeoir à la main. Trottin rit sur l'avant-scène, & l'Asne au fond du théâtre égaie cette scène, qui doit former tableau.*

GRAPINEAU *à Criquet.*

AH coquin ! c'est toi qui m'as joué ce tour pendable !

Madame GRAPINEAU & DANDINET.

Qu'eſt-ce qu'il y a donc?

CRIQUET *pleurant*.

Mais, Monſieur, ce n'eſt pas ma faute, ahi, vous m'étranglez !

(On leve les rampes.)

TROTTIN.

Lâchez-le, monſieur Grapineau, lâchez le ? il ne trempe pour rien dans le tour qu'on vous a joué. Voici le fait, vous avez cru bonnement que Thibaut auroit l'honnête complaiſance de vous amener ſa fille ; ſur cet eſpoir vous lui avez promis une quittance des cent écus qu'il vous devoit ; cet homme qui a de l'honneur, a rougi d'une propoſition auſſi indigne de vous que de lui, & par mon conſeil, il vous a amené ſon âneſſe qui s'appelle auſſi Martine, & voilà ce qui a donné lieu au plaiſant quiproquo dont vous avez été la dupe.

Madame GRAPINEAU.

Comment, Monſieur?

GRAPINEAU *qui faiſoit ſigne à Trottin de ſe taire*.

Le traître de Thibaut ! l'infame ! demain, je fais vendre ſes meubles.

TROTTIN.

Cela ne ſe peut pas, Monſieur, puiſque vous lui avez donné une quittance de ſes cent écus.

GRAPINEAU *furieux*.

Oh ! les ſcélérats ! ils m'ont joué !

Madame GRAPINEAU, *à son mari.*

Ah ! me voilà donc au fait de vos petites intri-gues, Monsieur ! il y a long-temps que je m'en dou-tois ; & graces à Monsieur Trottin.....

GRAPINEAU.

Ecoute donc, ma petite femme ?

Madame GRAPINEAU, *très-vîte.*

Non, Monsieur, non je n'écoute rien ; votre procédé est infâme !..... Mais ne croyez pas que je sois plus long-temps votre dupe ; demain je vous attaque en séparation, & nous plaiderons.

TOUS LES ACTEURS.

Mais, Madame Grapineau !.....

Madame GRAPINEAU, *courant sur l'avant-scène.*

Non. Séparation, séparation, séparation, sépa-ration.

(*Il est à observer que Dandinet, depuis le commence-ment de la scène, reste tout honteux contre une coulisse.*)

TROTTIN, *à Grapineau.*

Ne craignez rien, Monsieur ; nous sçaurons faire entendre raison à Madame.

GRAPINEAU, *à Trottin.*

Ne me parlez pas, Monsieur ; demain vous au-rez la bonté de retourner chez vos parents.

Madame GRAPINEAU.

Non, Monsieur, il restera.

GRAPINEAU.

Il ne restera pas.

Madame GRAPINEAU.

Il restera.

GRAPINEAU.

Il ne restera pas.

Madame GRAPINEAU.

Il restera, il restera ; & pour le récompenser de
son zèle à me servir, j'augmente ses appointemens
de deux cents francs.

GRAPINEAU.

Comment, Madame, deux cents francs !

Madame GRAPINEAU.

Oui, Monsieur, deux cents francs. Quand vous
donnez gratis des quittances de cent écus, je crois
qu'il m'est bien libre de donner deux cents francs.

GRAPINEAU.

Il est vrai que j'ai donné-là cent écus, sans rien
toucher..... (*A Criquet.*) Qu'as-tu fait, coquin,
de tout ce que je t'ai donné à souper ?

CRIQUET.

Eh, eh ; je l'ai gardé pour mon déjeûner.

GRAPINEAU.

Tu ne pouvois pas m'avertir ?

CRIQUET.

Mais, Monsieur, je me tuois de vous le dire,
moi.

GRAPINEAU.

Me voilà donc démasqué ! Oh, je suis furieux !...
Allons du moins cacher ma honte ! Oui, c'est la
premiere fois qu'on a vu rougir mon front.

(*Il sort furieux.*)

Madame GRAPINEAU, *à Dandinet.*

Eh bien, mon neveu, que dis-tu de tout cela ?

DANDINET, *d'un ton larmoyant.*

Mais, ma ch'tante, je dis moi qu'il faut demain
que je fasse ma malle, & que je retourne au Pays.

Madame GRAPINEAU.

Pourquoi donc, mon ami ?

DANDINET.

Moi, qui fuis accoutumé à voir mon ch'pere &
ma ch'mere qui s'embraffions tout le long de la
journée comme deux tourteriaux..... être avec un
oncle & une tante qui vivont comme deux coco-
drilles !.....

Madame GRAPINEAU.

Ne pleure pas, mon garçon, ne pleure pas.
Tenez, ç'à fait un bel exemple pour cet enfant !

TROTTIN.

Ne craignez rien, Madame, demain nous appai-
ferons tout cela. Criquet, tu remeneras la bourique à Thibaut, entends-tu ? (*Au Public.*) Et vous,
Beautés vraiment à plaindre, qui gémiffez fous les
loix d'époux volages & infideles, voulez-vous les
corriger ? Envoyez chez nous, Martine fera toujours à votre fervice.

APPROBATION.

Lu & approuvé le 28 Janvier 1786. SUARD.

*Vu l'Approbation, permis d'imprimer. A Paris,
ce 31 Janvier 1786. DE CROSNE.*

www.ingramcontent.com/pod-product-compliance
Lightning Source LLC
LaVergne TN
LVHW021816170726
843503LV00007B/3213